EXPOSÉ

DE LA SITUATION

DE LA

RÉPUBLIQUE.

EXPOSÉ

DE LA

SITUATION DE LA RÉPUBLIQUE.

Au moment où le Corps législatif reprend le cours de ses travaux, le Gouvernement met sous les yeux de la France le tableau de son administration. C'est un devoir que lui imposent ses principes, et il le remplit avec la franchise qu'il doit à l'intérêt public et à la pureté des sentimens qui l'animent.

On se rappelle quelle était au 4 nivôse de l'an 8 la situation de la République.

Les événemens du 18 brumaire avaient relevé les courages ; mais les esprits flottaient toujours dans l'incertitude. Les départemens de l'ouest étaient en proie à la guerre civile. Par-tout des administrations faibles, incertaines, sans unité de principes, sans uniformité de mesures ; point d'énergie dans le commandement, point de ponctualité dans l'exécution ; une police impuissante, des tribunaux sans activité, le désordre dans les caisses publiques ; des réquisitions qui fatiguaient les citoyens et dévoraient nos revenus ; le commerce et les manufactures dans la stagnation ; les armées de l'Autriche, du haut des Apennins et des Alpes, menaçant la Ligurie et la France ; les pavillons neutres bannis de toutes les mers par la terreur de nos lois ; l'Amérique qui nous devait son indépendance, armée contre la nôtre ; l'Espagne, la Batavie, l'Helvétie, la Ligurie, toujours fidèles à notre alliance, mais attendant avec une douloureuse inquiétude ce que l'avenir prononcerait sur notre sort et sur le leur.

Ce fut dans ces circonstances, et sous ces auspices, que commença l'an 8. La paix était le premier besoin et le vœu le plus ardent de la nation ; la paix fut aussi la première pensée du Gouvernement. Deux lettres écrites par le premier Consul à l'empereur d'Allemagne et au roi d'Angleterre, leur exprimèrent sans faiblesse, mais sans détour, le vœu des Français et celui de l'humanité.

Ce vœu fut repoussé par les ministres de l'Autriche et de la Grande-Bretagne. Le cabinet de Vienne mêla quelques espérances à l'adresse de ses refus. Le cabinet de Londres mit l'amertume et les reproches dans sa correspondance, et bientôt les déclamations et les injures dans des discussions publiques auxquelles il livra les ouvertures qui avaient été faites par la France.

Cet éclat, ces déclamations et ces injures, servirent mal la haine et les projets du ministère britannique. Les Français virent dans la démarche de leur premier magistrat, le desir sincère de la paix ; ils s'indignèrent contre l'ennemi qui la repoussait, et sentirent qu'ils ne devaient plus l'attendre que de leurs efforts et de leur courage. De là le principe de cette énergie qui a fait nos derniers succès et nos dernières victoires ; de là, peut-être, dans le cœur des Anglais, un sentiment de justice pour un peuple qui, après tant d'exploits et de gloire, n'aspirait qu'à la paix ; et dans le cœur des autres nations, un retour de bienveillance pour la cause de notre indépendance et de notre liberté.

Cependant, la rebellion de l'ouest était étouffée ; il n'avait fallu qu'appuyer de l'appareil de la force l'autorité de la raison et des principes, pour ramener des citoyens égarés.

Tout ce qui n'avait été qu'entraîné par la séduction et la terreur, se soumit à des lois qui n'étaient plus que bienfaisantes et tutélaires. Chaque jour se fortifient, dans ces départemens, l'attachement à la République, le respect pour nos institutions et la haine pour nos ennemis. L'établissement d'une gendarmerie à pied achevera de les purger d'un reste de brigands accoutumés au pillage, et couverts de crimes que l'amnistie n'a pu pardonner.

Dans ces départemens, comme dans tous les autres, l'influence des autorités créées par la Constitution, a été marquée par des améliorations progressives. Un pouvoir concentré, une responsabilité individuelle, et par-là inévitable, impriment aux affaires publiques et particulières un mouvement plus rapide, et ramènent peu-à-peu l'économie dans l'administration. La surveillance est plus active, les informations et plus promptes et plus sûres. Le citoyen sent mieux les bienfaits de l'autorité qui protége, et la force de l'autorité qui contient et réprime.

Dans les départemens du midi, les délits sont encore multipliés et souvent atroces ; mais là comme ailleurs, ils sont dus à des scélérats que la gendarmerie poursuit de contrée en contrée, et que bientôt elle aura tous atteints.

Dans toute la République il existe encore quelques hommes qui regrettent le passé, quelques consciences faibles qu'un reste de fanatisme tourmente ; mais chaque jour les regrets diminuent, le fanatisme s'amortit, et les sentimens se rapprochent.

Vouloir que l'homme désavoue avec éclat aujour-

d'hui ce qu'il professait hier, qu'il baise sans mur-
murer le joug des lois qu'il bravait tout-à-l'heure,
ce n'est point de l'autorité, c'est de la tyrannie.
Laissons au temps à achever son ouvrage. Le temps
seul mûrit les institutions : ce n'est qu'en vieillissant
qu'elles parviennent à obtenir un respect absolu.

Les administrateurs ont été choisis pour le peuple,
et non pour l'intérêt de telle faction, de tel parti. Le
Gouvernement n'a point demandé ce qu'un homme
avait fait, ce qu'il avait dit dans telle circonstance et
à telle époque; il a demandé s'il avait des vertus et
des talens, s'il était inaccessible à la haine, à la ven-
geance ; s'il saurait être toujours impartial et juste.

La maxime du Gouvernement est que les dé-
nonciations qui attaquent des fonctionnaires publics
dans ces temps encore pleins du souvenir des anciennes divisions , doivent être pesées dans la balance de la justice, et vérifiées par un sévère examen.

Les mêmes principes et les mêmes vues ont di-
rigé le choix des magistrats. Qu'ils jugent les
affaires , et non les opinions ; qu'ils soient im-
passibles comme la loi : tel est le vœu , le seul
vœu que doive former le Gouvernement. La Constitution leur garantit l'indépendance et la perpétuité
de leurs fonctions ; c'est à la nation et à leurs consciences qu'ils répondent de leurs jugemens.

(8)

Avant le 4 nivôse, c'était le Gouvernement qui prononçait sur les réclamations des citoyens inscrits sur la liste des émigrés ; et il prononçait sur un simple rapport du ministre de la police générale : ainsi se décidaient des questions qui intéressaient la tranquillité de l'État, le sort des personnes et des propriétés.

Pour éclairer sa marche, le Gouvernement voulut connaître les lois sur l'émigration , ce que c'était que la liste des émigrés , comment et par qui elle avait été formée, et quels en étaient les élémens.

Il reconnut que dans chaque municipalité on avait dressé des listes des citoyens absens de la commune où ils avaient soit propriété, soit domicile ; que de ces listes partielles , réunies en neuf volumes , s'était formé ce qu'on appelle aujourd'hui la *Liste des émigrés ;* que des citoyens inscrits comme absens ou émigrés dans une commune, étaient, à la même époque, fonctionnaires publics dans une autre ; que des cultivateurs , des artisans , des hommes à gages , étaient confondus avec des hommes que des préjugés de naissance et des intérêts de priviléges signalaient comme des ennemis de la révolution ; que des inscriptions collectives et indéterminées frappaient des familles entières , et des familles inconnues à ceux qui avaient fait l'inscription.

Il se convainquit donc qu'il n'existait point de véritable liste d'émigrés , et qu'il fallait en former une , en séparant ceux qui n'auraient jamais dû être inscrits , de ceux que leur position , leurs préjugés , et des circonstances connues , dénonçaient comme de véritables émigrés. De là les bases et les dispositions de l'arrêté du 28 vendémiaire. Un projet de loi sera proposé , pour donner une garantie de plus aux acquéreurs de domaines nationaux.

Un travail important va être terminé : celui que , depuis dix années , appelle la législation. Dans cette session même , le code civil , un code de procédure , seront proposés à la détermination du Corps législatif; d'autres objets moins importans feront matière de lois dont les élémens sont déjà préparés.

L'instruction publique, négligée encore dans bien des départemens , a pris dans d'autres une meilleure direction et une plus grande activité.

De nouveaux prytanées ont été ouverts aux enfans de ceux qui sont morts pour la patrie.

Si les hospices et les hôpitaux sont encore dans

la détresse , un arrêté leur assure du moins le paiement d'une partie de ce qui leur est dû en capitaux de rentes , dont le rachat fut autorisé par une loi rendue dans la dernière session.

Des mesures ont été prises pour vérifier le nombre des enfans de la patrie , excessivement accru dans ces derniers temps ; pour remédier au mal moral qui les multiplie , et pour secourir leurs besoins.

Quelques manufactures , qui appartiennent à la nation , et qui honorent l'industrie française , sortent de la langueur où nos malheurs les avaient plongées. La peinture , la sculpture , ont obtenu des encouragemens , et vont transmettre à la postérité les traits et les actions des héros qui ont combattu pour notre indépendance et pour notre gloire.

Les monumens des arts sont conservés , et offerts à l'admiration publique , dans des dépôts dignes de les refermer.

Les routes sont presque par-tout dans un état alarmant de dégradation ; mais l'administration a fait tout ce qu'elle pouvait avec les faibles moyens qui lui étaient confiés. Le droit d'entretien des routes a reçu quelques modifications que sollicitaient la justice et l'intérêt public.

La perception de ce droit, séparée de l'obligation d'entretenir les routes mêmes, a été affermée ; et la rentrée en est assurée par des cautionnemens qui ne seront plus vains et illusoires, comme ils l'ont été dans les années dernières.

L'emploi des produits, beaucoup trop faible, est déterminé, pour chaque département, dans la proportion de ses besoins.

La surveillance devient tous les jours plus active ; la comptabilité s'éclaire et se perfectionne.

Le Gouvernement a porté ses vues sur la navigation intérieure et sur le canaux. Ce ne sont point de vastes projets qu'il a conçus ; ce n'est point encore un grand ensemble de navigation qu'il va créer. Terminer les travaux commencés, les terminer sur les points qui intéressent le plus la circulation intérieure et le commerce de la France ; voilà tout ce qu'il peut promettre aujourd'hui, et tout ce que les circonstances lui permettent d'entreprendre. Moins de projets et plus d'exécution : telle est la maxime fondamentale de son administration.

Les finances ont été un des objets constans de sa surveillance et de son inquiétude. Base première et appui nécessaire de tous les projets qui peuvent être formés pour le bonheur et pour la gloire des états, le Gouvernement a dû s'appliquer à en connaître tous les élémens, et à sonder toutes les causes qui peuvent en opérer la restauration ou la ruine.

Ce n'étaient pas seulement les fonds qui manquaient à la République au 4 nivôse de l'an 8 ; c'était l'activité dans la répartition et dans l'assiette des contributions directes, la régularité dans les perceptions, la surveillance dans les versemens, une comptabilité lumineuse dans le trésor public, une distribution bien entendue dans les différens canaux de la dépense.

Au 4 nivôse, les rôles de l'an 8 n'étaient point encore formés, et ils ne pouvaient être en recouvrement qu'au mois de germinal.

Des porteurs de délégations, autorisés à puiser directement dans les caisses des receveurs et de leurs préposés, achetaient, par la corruption, des fonds qui n'y étaient pas encore, ou qui devaient être réservés à la République. Des bons de réquisition, des bons d'arrérages de rentes, étaient admis dans le paiement des contributions directes ; et c'étaient des receveurs, des préposés, des percepteurs, qui trafiquaient de ces valeurs dépréciées, et les échangeaient dans leurs caisses contre les valeurs réelles qu'ils avaient reçues : des payeurs dissimulaient les versemens qui leur avaient été faits, pour arracher aux parties prenantes l'escompte des avances qu'ils ne faisaient pas.

Ainsi, le trésor public ne connaissait ni les fonds qui avaient été reçus, ni les fonds qui avaient été versés dans les départemens. De là, des distributions incertaines et des assignations illusoires ; cependant les ministres ordonnançaient tout, et le Directoire autorisait tout : de là, le discrédit public, et, sur la place, les négociations scandaleuses des ordonnances avilies.

Depuis le 4 nivôse, l'époque de la répartition et de l'assiette des contributions a été fixée avec précision ; et cette année, pour la première fois, les rôles de presque tous les départemens ont été en recouvrement dans le courant de vendémiaire.

Les caisses publiques ont été fermées aux délégataires : mais cinquante-deux millions de délégations ont été rapidement retirés par des opérations qui n'ont coûté au trésor public ni emprunts ni intérêts, et lui ont procuré quelques avances de fonds effectifs. Ces délégations, le Gouvernement aurait pu, avec quelque couleur de justice, en discuter la légitimité. Elles avaient été remises à des fournisseurs, avant même qu'ils eussent commencé leur service; et il était bien vraisemblable que ce service n'avait été ni complétement fait par tous, ni fait par aucun avec une parfaite loyauté.

Mais ces délégations avaient été négociées sous les yeux et de l'aveu de l'ancien Gouvernement; elles n'étaient plus dans la main de ceux qui avaient contracté. C'étaient des lettres de change dont les porteurs actuels avaient fourni la valeur; et l'on ne pouvait, sans blesser la foi publique, sans mettre un honteux obstacle au retour du crédit, en différer ou en atténuer le paiement.

Les bons de réquisition ont été soustraits à l'agiotage, et doivent presque tous être déjà rentrés par le paiement des contributions; et dans l'an 9, il n'y aura plus de bons d'arrérages dans la circulation. Le créancier de l'État recevra en numéraire tout ce qui lui est dû, et le trésor public ne recevra plus que des valeurs réelles.

Une partie des contributions directes de l'an 8, celle qu'on a pu présumer qui ne serait pas absorbée par les bons de réquisition et par les bons d'arrérages, a été versée à l'avance dans le trésor public en obligations de receveurs; et ces obligations, qui ont, dans une caisse de garantie, un gage certain de leur acquittement, sont aujourd'hui la valeur la plus solide que l'État et le commerce puissent offrir.

Les contributions directes de l'an 9 sont déjà dans le porte-feuille de la trésorerie, en obligations d'une égale solidité. Les recettes successives des contributions indirectes ou casuelles y sont représentées en bons de receveurs, payables à vue.

Une somme fixe de ces obligations et de ces bons est assignée à la dépense de chaque mois, et il n'est jamais délivré d'ordonnances qu'à la mesure des sommes qui sont réellement présentes dans les caisses. Ainsi les ordonnances ne sont plus le jouet de la place; il n'y a plus de mécompte dans les distributions, plus d'illusion dans les promesses de paiement, et l'attente des parties prenantes n'est plus trompée.

Le trésor public a reçu une organisation nouvelle; une surveillance active en éclaire toutes les parties : la comptabilité arriérée marche dégagée de ses entraves ; la comptabilité courante est, pour ainsi dire, à jour.

Chaque mois le ministre des finances et le directeur du trésor public mettent sous les yeux du Gouvernement, des états de situation qui représentent fidèlement tout ce qui a été reçu, tout ce qui a été payé, ce qui l'a été sur les ordonnances de chaque ministre. La collection de ces états, à la fin de chaque année, donnera le compte de toute la recette, de toute la dépense acquittée, et de chaque nature de dépense.

Il reste encore à acquitter des dépenses des années 5, 6 et 7; il en restera encore de l'an 8 : l'état en sera consigné par aperçu dans les rapports des différens ministres. Le rapport du ministre des finances offrira toutes les ressources qui restent à la République pour les acquitter.

L'an 9 marche avec ses propres revenus, sans emprunt sur le passé, sans anticipation sur l'avenir.

Tout ce qui reste à recouvrer des revenus des années précédentes, est fidèlement réservé à l'acquit de leurs dépenses.

L'aperçu des dépenses nécessaires de l'an 9, a été calculé avec une sévère économie. Les revenus ont été évalués avec tout ce qu'on a pu y mettre de précision. Ces revenus ne suffiront pas à la dépense présumée; le Gouvernement proposera au Corps législatif ce qu'il croit de meilleur pour combler ce déficit éventuel, et sa sagesse en décidera.

Une caisse d'amortissement a été créée; l'administration n'en est déjà plus onéreuse aux finances :

elle fournira un jour de grands moyens à la libéra-
tion progressive de la dette publique, et un grand
instrument de crédit. En attendant, elle fait avec
succès la fonction importante de caisse de garantie
pour les obligations des receveurs.

Une banque a été fondée, faible encore, mais dont
la faiblesse est en proportion avec les besoins actuels
de la circulation : à la paix, elle prendra tout l'essor
qu'exigera notre commerce, agrandi par le retour
de nos anciennes relations et par les secousses même
de la révolution. Le Gouvernement, qui en a favo-
risé la naissance de tout son pouvoir, la protégera
toujours de son influence, et la regardera constam-
ment comme un dépôt sacré qui doit être conservé
par la puissance et la fidélité de la nation.

D'autres améliorations seront offertes dans un rapport du ministre des finances : d'autres projets d'amé-
lioration sont encore sous les yeux et dans la pensée
du Gouvernement.

Une fois sortis du chaos des dilapidations, des
abus et des injustices, chaque jour verra éclore des
idées salutaires et de nouveaux moyens de prospérité.
Les citoyens honnêtes, ceux qui ont des facultés et
une réputation à conserver, prêteront leurs moyens
et leur appui à une administration fidèle au plan que
la loyauté et l'intérêt public lui ont tracé. Elle n'est

déjà plus assiégée par l'intrigue qui trafique de l'embarras des finances, ni par la cupidité qui vend chèrement, pour des valeurs réelles, mais lointaines, de misérables secours qui ne soulagent les besoins du moment qu'en ajoutant aux besoins de l'avenir.

Déjà des compagnies solides ont accepté des entreprises importantes à des prix modérés, et n'ont point exigé qu'on leur livrât d'avance, comme on faisait autrefois, des valeurs effectives pour gage d'un service qu'elles n'avaient pas encore fait.

Nos succès dans la guerre ont passé nos espérances ; quatre armées toutes victorieuses se tiennent par une chaîne non interrompue, depuis la ligne formée par la neutralité prussienne, jusqu'au centre de l'Italie. Maîtresses des deux rives du Danube et du Pô, elles occupent, par leurs détachemens, les bords de l'Adriatique et la Toscane.

Le génie de la France a sauvé l'armée d'Orient de l'exécution d'une convention qui l'aurait mise dans les fers de l'Angleterre.

Malte a cédé, mais après deux années de la plus glorieuse résistance. Tout ce qui pouvait être tenté pour conserver cette importante possession, le Gouvernement l'a tenté, et toujours inutilement.

(19)

L'organisation de l'armée, la discipline militaire, la recherche des dilapidations et des abus, le rétablissement de l'ordre et de l'économie dans toutes les parties du service, ont été l'objet des travaux et des arrêtés du Gouvernement. Un rapport du ministre de la guerre en présentera le résultat. La paix, la paix seule peut donner aux succès qu'ils ont obtenus leur complément et leur solidité.

Il n'a pas été au pouvoir du Gouvernement, de réparer tout-à-coup les malheurs de notre marine, et de lui rendre son ancien lustre ; mais il en a recueilli les débris, et il en prépare le rétablissement et la gloire. Des règlemens ont réformé des abus, assuré la régularité du service, établi dans les ports unité de pouvoirs et surveillance sévère ; d'anciennes dilapidations ont été recherchées et atteintes ; des contrats onéreux ont été résiliés, des marchés plus avantageux à la République ont été conclus; enfin, bien des pas ont été faits vers l'ordre et l'économie : mais combien il en reste à faire ! combien il faut encore de travaux et de temps pour remplir la tâche que le Gouvernement s'est imposée, et que l'intérêt public exige de lui !

Dans l'état où était la marine, il était impossible d'entretenir régulièrement avec nos colonies, ces relations de correspondance et de pouvoirs qui appartiennent à la métropole.

Le Gouvernement a conservé avec soin les liens qui les attachaient à la France ; et il prépare, dans le silence, les moyens de les rendre au calme, à la culture et à la prospérité.

Un conseil des prises, autorisé par une loi rendue dans la dernière session, a porté dans cette matière délicate un esprit de justice et d'impartialité qui a eu déjà une heureuse influence sur nos relations commerciales. Les pavillons neutres se sont remontrés sur les mers et dans nos ports ; les puissances barbaresques ont repris leurs anciennes liaisons avec nous. Si le Gouvernement, eût pu les renouer plutôt, Malte serait peut-être encore en notre pouvoir ; mais du moins elles assureront des subsistances à la Ligurie et à nos départemens méridionaux, et elles ne seront pas inutiles à l'armée d'Orient.

Une convention fondée sur des intérêts communs et sur la plus parfaite réciprocité, rétablira les liens qui attachaient les États-Unis d'Amérique à la France : ils dureront éternellement ces liens, parce qu'aucune condition inégale n'en altère la force et la pureté.

La nation française ne veut ni privilége exclusif,

ni faveur partiale ; elle ne demande aux peuples amis que les droits de l'égalité. Qu'aucune nation ne soit plus favorisée qu'elle, qu'elle-même ne soit pas plus favorisée qu'une autre nation; telles sont ses prétentions, et l'intérêt de tous les peuples qui contracteront avec elle.

Tous les peuples qui connaissent leurs droits se rallieront à ces principes. Le Nord s'affranchira de la tyrannie qui pèse sur son commerce et sur les mers ; il sentira que nos intérêts sont les intérêts du genre humain. La Russie sur-tout se souviendra de sa dignité, des anciennes relations qui l'unirent avec la France ; elle sait que la France est un contre-poids nécessaire dans la balance maritime du monde.

Le Gouvernement avait offert la paix avant l'ouverture de la campagne : il l'a offerte sur le champ de bataille et au sein de la victoire ; il l'a offerte digne de la grandeur, mais aussi de la modération du peuple français, et à des conditions qui devraient lui en garantir l'acceptation et la durée.

Au plus léger espoir d'en rapprocher l'époque, il a suspendu les succès que nous assuraient la position de nos armées et l'ardeur de nos guerriers.

Si nous n'en jouissons pas encore, il n'en faut

accuser que cette puissance qui, étrangère aux désastres du continent, ne veut que cimenter du sang des nations, son empire sur toutes les mers et son monopole dans le monde entier.

Enfin un négociateur autrichien est à Lunéville, un homme qui a mérité l'estime de l'Europe. S'il a toute entière la confiance du souverain qui l'envoie, il déploiera cette franchise qu'a droit d'attendre la franchise du Gouvernement, et que promet son caractère personnel.

L'Autriche cessera de sacrifier le repos et l'intérêt du continent à l'ambition des dominateurs des mers.

Cependant, dans cette incertitude, la prudence commande à la France de ne pas se laisser amuser par un vain simulacre de négociations ; elle appuiera ses propositions de toute la force de ses armes.

La conduite du Gouvernement a démontré qu'il n'a ni exagéré les prétentions de la République, ni sacrifié au délire de l'ambition les intérêts de l'humanité.

Les crimes de la guerre retomberont tous sur ceux qui en sont les véritables artisans ; sur les gouvernemens assez faibles et assez aveugles pour s'asservir aux vues mercantiles d'un seul peuple, pour vendre à son or et à ses intrigues le sang et l'industrie des nations qui leur obéissent , et la liberté des mers , qui est la propriété du genre humain.

TEL est l'aperçu d'une administration dont les principes et les actes ont été franchement exposés aux regards de la France. Si elle n'a pas fait tout le bien qu'elle s'était promis , si elle n'a pas rempli toutes les espérances qu'on en avait conçues , elle se doit au moins le témoignage qu'elle a déployé tout ce qu'elle avait de force , de constance et de moyens.

EXTRAIT des registres des délibérations des Consuls de la République.

Paris, le 1.ᵉʳ Frimaire , an 9 de la République française, une et indivisible.

LES CONSULS DE LA RÉPUBLIQUE arrêtent que l'exposé ci-dessus sera inséré au Bulletin des lois.

Le premier Consul , signé BONAPARTE. Par le premier Consul : *le Secrétaire d'état ,* signé HUGUES B. MARET.

À PARIS, DE L'IMPRIMERIE DE LA RÉPUBLIQUE.
Frimaire an 9.

9 782014 074406